# NORBERTO JOSE RAJOY

## CONSTITUCION NACIONAL

Algunos aciertos y omisiones en la reforma constituyente 1994

## PER SALTUM    -    AMICUS CURIAE

Sus actuales reglamentaciones

# NORBERTO JOSE RAJOY

## CONSTITUCION NACIONAL

Algunos  aciertos y omisiones en la reforma
constituyente 1994

## PER SALTUM    -    AMICUS CURIAE

Sus actuales reglamentaciones

Hecho el depósito que marca la ley 11723 de Propiedad
intelectual

Rajoy, Norberto José Constitución Nacional, per saltum, amicus
curiae : algunos aciertos y omisiones en la reforma constituyente
1994 / Norberto José Rajoy. – 1ª  ed. -   Norberto José Rajoy, 2018.
Análisis Conceptual. 2. Derecho Constitucional . I. Título. CDD 342

*Dedico este modesto aporte a todos los que me ayudaron a crecer en el saber, y a llegar hasta aquí. Muy especialmente mi familia, y la gente de mi comunidad del Partido de la Costa.*

*En el año en que cumplo mi cincuenta aniversario conviviendo con el derecho*

# PROLOGO

Debo contarles lo que he pretendido con estos pensamientos a los que di forma de libro, a fin de no generar una innecesaria expectativa.

En momento alguno pretende ser un intérprete de nuestra Constitución Nacional (sobre lo que hay suficiente material doctrinario y jurisprudencial), sino más bien centrarse en aspectos –quizás formales- que me parecieron relevantes.

Y esa relevancia está dada precisamente por ser la Constitución de una Nación, el primer instrumento fundacional con el que esa Nación, no solo establece su sistema de vida, sino que también se muestra ante el mundo global.

Entonces centralice mi tarea en una crítica destinada a señalar lo que considere omisiones – verdaderamente inentendibles – (con origen en la Ley N°24.309 DE CONVOCATORIA A Asamblea Constituyente) en la reforma constituyente de 1994; por lo que hice tanto hincapié en señalarlo, como se podrá comprobar a través de la lectura.

También he tocado aspectos que me llevaron a concluir, junto a las omisiones señaladas, que se trato de una reforma llevada a cabo con mucha prisa. El propio texto constitucional lo pone en evidencia.

Que es lo mismo que decir, no analizada minuciosamente con el celo que un cuerpo normativo de estas características exigía. Esto no invalida por supuesto, todo lo que tiene de positivo.

Finalmente incluí el tema del recurso de "SALTO DE INSTANCIA" (per saltum), y la figura del "AMIGO DEL TRIBUNAL" (amicus curiae), pues entendí que excedían lo meramente procesal.

O dicho de otra manera; vaya si lo procesal tiene entidad constitucional. cuando es ni más ni menos que el medio o instrumento a través del cual se pone en juego la defensa de derechos fundamentales.

Y si algo completaba esa terapéutica, la posibilidad del recurso de "salto de instancia" se erguía en un remedio altamente efectivo. Dicho en estos términos para que se entienda mejor, no es otra cosa que la posibilidad extrema, frente al riesgo de lo irreparable ante una agresión a los derechos fundamentales, ya sea por el transcurso de tiempos alongados, o por el dislate o agravio de una decisión inferior. Decisión que con el paso del tiempo puede constituirse en irreparable de no tener una respuesta jurisdiccional casi inmediata.

En cuanto al "amigo del tribunal", no ha sido otra cosa que transparentar una situación. Los jueces por mas cultura general que tengan, por eficientes que sean los aportes periciales y las explicaciones; pueden tener necesidad de una mayor precisión y detalle, o explicaciones complementarias. Y digo de los jueces, pues los "amigos del tribunal", no han de ser amigos de las partes. Para ello las partes siempre han tenido y tienen a su alcance procurarse opiniones complementarias en las que sustentar sus pretensiones.

Esto es pues, una apretada síntesis de lo que naturalmente puede ser complementado por lo que cada instituto representa.

Norberto José Rajoy

# LIBRO PRIMERO

## CONSTITUCION NACIONAL

### I.- Breves comentarios sobre la Convención Constituyente de 1994

### Aspectos positivos

Siempre se tuvo muchísimo respeto por la parte programática, medular de nuestra Constitución Nacional, contenida en la primera parte, capítulo primero. Esto es, las declaraciones derechos y garantías.

En los albores de esa reforma, existió el temor generalizado que se tocara algo de lo que allí estaba, pues se consideraba que era como la esencia de vida misma de los habitantes de la Nación. A no mucho andar se aclaro que esa parte no sería tocada en absoluto, sino más bien profundizada.

Así nació dentro de esta primera parte el capitulo segundo incorporando los nuevos derechos y garantías. No se hizo otra cosa que dar forma en la ley fundamental a los que conocemos como derechos de tercera y cuarta generación. Ya no se considera tan solo a los derechos individuales, sino también se incorpora a los derechos en función de la comunidad, su hábitat, medio ambiente, tecnología. O dicho de otra manera, los derechos de pertenencia difusa e incidencia colectiva (Art. 43 de la Constitución).

No ocultare que ello merece un elogio –aunque con reservas-, pues no se expreso todo lo que parecía inexcusable que se proclamara.

Entonces entre los aciertos, merece destacarse la previsión del art. 36° para los supuestos de interrupción del orden institucional. Está claro que los constituyentes de 1853 no pensaron que esa alternativa era posible, pero no obstante los hechos posteriores demostraron que si era una variable no deseada, que efectivamente se llevo a cabo más de una vez.

Y continua consagrando los derechos políticos, la igualdad de oportunidades entre varones y mujeres para ocupar cargos electivos, y define algo que no era menos importante señalar "Art. 38° Los partidos políticos son instituciones fundamentales del sistema democrático". Frente a la actividad política –muchas veces desprestigiada- es oportuno recordar este principio que no hace otra cosa que recordar "sin partidos políticos no hay democracia". Esto supone pues, que los mismos deben depurarse cuando lo necesiten, y así cada vez serán instituciones más fuertes y vigorosas para defender una democracia con total respeto a la constitución, y el derecho de las minorías. El juicio de valor dejo de ser una cuestión doctrinaria o de apreciación, para tomar la forma de norma en la ley fundamental.

Después incorpora el derecho a la iniciativa que se otorga a los ciudadanos para presentar proyectos de ley, la posibilidad que el Congreso someta a consulta popular un proyecto de ley.

Y continúa incorporando como fundamentales, el derecho a un ambiente sano, los derechos de los consumidores y usuarios de bienes y servicios, en la relación al consumo y la protección de la salud, seguridad e intereses económicos (Arts. 41°, 42° de la Constitución).

Para comprender esto que nosotros consideramos tan normal como necesario, no se puede juzgar a los históricos constituyentes de 1853 como incursos en una omisión. Como habrían de suponer en 1853, que ciento cuarenta años después, las sociedades iban a sufrir una transformación tan grande no solo en crecimiento demográfico, sino en las relaciones de consumo y servicios. El corto periodo que separaba a 1853 de la Revolución Industrial (1840), tampoco permitía anticiparse a la posterior evolución social, sino mediaba una gran cuota de fantasía.

Después incorpora con rango constitucional a la acción de amparo, como así también el derecho a conocer cada uno sus datos personales, protegerlos, preservarlos de falsedad y rectificarlos, lo que nosotros denominamos habeas data. Finalmente introduce la defensa de la libertad física o de ambulatoria (habeas corpus), contra amenazas indebidas, o el agravamiento de condiciones de detención.

En este Art. 43º se incorporan derechos inherentes a la esencia de la vida misma. La acción de amparo para preservar los derechos fundamentales, el habeas data para defender y resguardar los datos reservados inherentes a la persona humana, y finalmente el habeas corpus para la defensa de la libertad de ambulatoria.

Esta breve reseña, que paso a sintetizar a modo de ayuda memoria de lo que incorporo la Asamblea Constituyente de 1994, entiendo merece la generalizada la aprobación por parte de la sociedad y de la comunidad jurídica en general.

- Derecho a la resistencia (contra actos de alteración del orden institucional)

- Igualdad real de oportunidades para varones y mujeres para el acceso a cargos electivos y partidarios.

- Los partidos políticos son instituciones fundamentales del sistema democrático, debiendo dar publicidad del origen y destino de sus fondos.

- El derecho a la iniciativa popular por la ciudadanía (Art.39)

- Consulta popular (vinculante y no vinculante – Art. 40)

- Derecho al ambiente sano y equilibrado.
- Derecho a la protección de consumidores y usuarios, a la salud y a la información adecuada y veraz

- Derecho al amparo contra actos de autoridades públicas o de particulares.

- Derechos de incidencia colectiva y pertenencia difusa (Art. 43 2º párrafo)

- Derecho a la protección de datos personales (habeas data)

- Derecho a la reserva de las fuentes de información periodística (Art. 43, 3º párrafo).

- Y todo esto, sin desconocer el último párrafo del Art. 14 bis cuando se refiere a *los beneficios de la seguridad social,* que pese al mandato constitucional han venido siendo tan vapuleados en la realidad.

Y entre las atribuciones del Congreso, se incorpora al Art. 75 el inc. "*17. Reconocer la preexistencia étnica y cultural de los pueblos indígenas argentinos.*

*Garantizar el respeto a su identidad y el derecho a una educación bilingüe e intercultural; reconocer la personería Jurídica de sus comunidades, y la posesión y propiedad comunitarias de las tierras que tradicionalmente ocupan; y regular la entrega de otras aptas y suficientes para el desarrollo humano; ninguna de ellas será enajenable, transmisible ni susceptible de gravámenes o embargos. Asegurar su participación en la gestión referida a sus recursos naturales y a los demás intereses que los afecten. Las provincias pueden ejercer concurrentemente estas atribuciones.*

Pero como contrapartida de esto, no puedo soslayar, ni se puede entender como esa Asamblea Constituyente, **omitió un derecho que ya estaba explicitado en la sociedad**, y su protección era reclamaba a viva voz.

Me refiero ni más ni menos que a la unión estable familiar, que no es otra cosa que una variante de familia –pero no menos que ella-, a la que veníamos conociendo muy limitativamente como matrimonio aparente o de hecho.

Ya escribí no sé si bastante, pero por lo menos lo suficiente para referirme al trato denostatorio que recibían –y todavía hoy- los que no tenían una relación formal con apariencia matrimonial; de concubino, concubina, etc. siempre olvidando que los hijos del matrimonio formal, y los hijos de una pareja de hecho, son seres humanos con iguales derechos y protección por parte del Estado y sus instituciones[i].

Y más lamentable me parece que Argentina, la que durante la primera mitad del siglo pasado fue modelo ante el mundo, no hubiera mantenido su liderazgo nada menos que en una materia como esta.

La preocupación no es para menos.

## II.- Primera e Inexplicable omisión de la Convencion Constituyente:

Luego de la tan proclamada política antidiscriminatoria del estado, creo que muchos esperábamos ansiosamente que el nuevo CODIGO CIVIL Y COMERCIAL DE LA NACION, terminara con el vacío legislativo, que no es otra cosa que un *vacío discrimatorio*. Creo que no lo logro acabadamente, como ya se verá. Y, de no mediar la omisión –en la Constitución Nacional- a que me refiero, la respuesta en el derecho positivo hubiera sido distinta a la que hoy tenemos.

Está ansiosa espera, como acabo de expresar, no era infundada ni fruto de un simple voluntarismo. Había variadas señales para albergar esperanzas.

Sobre todo teniendo en cuenta las Constituciones Nacionales y los Códigos del derecho Civil, los que citare a continuación.

Entre nuestros vecinos del MERCOSUR o fuera de él; **PARAGUAY** resguarda la unión estable del hombre y la mujer; "**CAPÍTULO IV DE LOS DERECHOS DE LA FAMILIA** (Constitución Nacional) **Artículo 49 - DE LA PROTECCIÓN A LA FAMILIA** La familia es el fundamento de la sociedad. Se promoverá y se garantizará su protección integral. *Esta incluye a la unión estable del hombre y de la mujer*, a los hijos y a la comunidad que se constituya con cualquiera de sus progenitores y sus descendientes".

El Código Civil también aquí recoge el mandato constitucional y establece: "Art. 217.- La unión extramatrimonial, pública y estable, entre personas con capacidad para contraer matrimonio, producirá los efectos jurídicos previstos en este Capítulo".

En cuanto a los posibles derechos hereditarios nada dice, pero si garantiza otros frente al fallecimiento de uno de los miembros:

Art.223.- El supérstite en las uniones de hecho, gozará de los mismos derechos a las jubilaciones, pensiones e indemnizaciones debidas al difunto que corresponderían al cónyuge.

**BOLIVIA** por su parte le ha dedicado especial atención a la unión estable (en su Constitución Nacional) "Artículo 63. I. El matrimonio entre una mujer y un hombre se conctituyc por vínculos jurídicos y se basa en la igualdad de derechos y deberes de los cónyuges. II. *Las uniones libres o de hecho que reúnan condiciones de estabilidad y singularidad, y sean mantenidas entre una mujer y un hombre sin impedimento legal, producirán los mismos efectos que el matrimonio* *civil*, tanto en las relaciones personales y patrimoniales de los convivientes como en lo que respecta a las hijas e hijos adoptados o nacidos de aquéllas".

En este país el conviviente tiene los mismos derechos que el cónyuge:

**Artículo 1108.- (SUCESION DEL CONVIVIENTE EN LAS UNIONES CONYUGALES LIBRES)**

Las uniones conyugales libres o de hecho reconocidas por la Constitución Política del Estado y el Código de Familia, producen respecto a los convivientes, *efectos sucesorios similares a los del matrimonio.*

La República del **PERU**, tampoco se quedo atrás en esta realidad: "**Artículo 5°**.- (Constitución del Perú) *La unión estable de un varón y una mujer, libres de impedimento matrimonial, que forman un hogar de hecho, da lugar a una comunidad de bienes* sujeta al régimen de la sociedad de gananciales en cuanto sea aplicable".

Respecto a la posible vocación hereditaria de los convivientes no se expresa, concediendo en su lugar otros derechos:

### Articulo 326º.- Efectos de uniones de hecho

La unión de hecho, voluntariamente realizada y mantenida por un varón y una mujer, libres de impedimento matrimonial, para alcanzar finalidades y cumplir deberes semejantes a los del matrimonio, origina una sociedad de bienes que se sujeta al régimen de sociedad de gananciales, en cuanto le fuere aplicable, siempre que dicha unión haya durado por lo menos dos años continuos.

La posesión constante de estado a partir de fecha aproximada puede probarse con cualquiera de los medios admitidos por la ley procesal, siempre que exista un principio de prueba escrita.

La unión de hecho termina por muerte, ausencia, mutuo acuerdo o decisión unilateral. En este último caso, el juez puede conceder, a elección del abandonado, una cantidad de dinero por concepto de indemnización o una pensión de alimentos, además de los derechos que le correspondan de conformidad con el régimen de sociedad de gananciales.

Tratándose de la unión de hecho que no reúna las condiciones señaladas en este articulo, el interesado tiene expedita, en su caso, la acción de enriquecimiento indebido.

**VENEZUELA** que integra este bloque continental también hizo su parte: "**Artículo 77. (De la Constitución Venezolana)** Se protege el matrimonio entre un hombre y una mujer, el cual se funda en el libre consentimiento y en la igualdad absoluta de los derechos y deberes de los cónyuges. *Las uniones estables de hecho entre un hombre y una mujer que cumplan los requisitos establecidos en la ley producirán los mismos efectos que el matrimonio*".

Fuera del mandato constitucional este país no recoge en su Código Civil el instituto de la "unión estable", pero por vía indirecta protege a los integrantes a partir del Código Civil.

Artículo 823.- El matrimonio crea derechos sucesorios para el cónyuge de la persona de cuya sucesión se trate. Estos derechos cesan con la separación de cuerpos y de bienes sea por mutuo consentimiento, sea contenciosa, salvo prueba, en ambos casos, de reconciliación.

Ergo, si la unión estable esta equiparada al matrimonio (Art. 77 de la Constitución), por aplicación del Art. 823 del Cód. Civil también están implícitos los derechos sucesorios.

Y finalmente, dentro Sud América, **BRASIL** ha sido pionero en la materia, en su Constitución de 1988, aquí traducido, expresa: "Art. 226. La familia base de la sociedad, es objeto de especial protección por el Estado. 1° El matrimonio es civil y su celebración es gratuita.

2° El matrimonio religioso tiene efecto civil, en los términos de la ley. 3° A efectos de la protección por el Estado, *se reconoce la unión estable entre el hombre y la mujer como entidad familiar*, debiendo la ley facilitar su conversión en matrimonio".

En el Código Civil del Brasil, el Art. 1723 toma el mandato constitucional diciendo: "Es reconocida como entidad familiar la unión estable entre el hombre y la mujer, configurada por la convivencia pública, continua y duradera y establecida con el objeto de constitución de familia". Y como para que no queden dudas que la equiparación es plena, en el Art. 1790 establece: *"La compañera o el compañero participara de la sucesión del otro*, en cuanto a los bienes adquiridos onerosamente en la vigencia de la unión estable, en las condiciones siguientes:…(aquí enumera los distintos supuestos de concurrencia con ascendientes, descendientes, etc.)".

Pero he aquí la ***inexplicable omisión de la Convención Constituyente Argentina*** a que me refiero al comienzo de este capítulo.

Si en el capitulo segundo del libro primero se hubiera incorporado la unión estable como entidad familiar, al igual que los países que a modo de ejemplo acabo de mencionar; no estaríamos frente a lo que hoy nos entrega el actual Código Civil y Comercial; que dicho sea de paso, y no para mi gusto legisla como "unión convivencial", pero con marcada diferencia al "matrimonio". Esto es discriminatorio desde el punto de vista de los que sostenemos que matrimonio y unión estable son equiparables. O dicho de otro modo dos vocablos que significan lo mismo en cuanto a derechos y perspectivas.

Para advertir a qué punto llega la discriminación, el nuevo Código Civil al tratar el "cese de la convivencia" establece que la atribución de la vivienda familiar a favor de uno de los cónyuges no puede superar los dos años (Art. 526, inc. b), debiéndose respetar igual plazo máximo en caso de fallecimiento de uno de los integrantes de la relación convivencial (Art. 527 del Cód. Civ. y Comercial). Este tipo de limitación no está contemplada cuando se trata el divorcio a partir del Art. 436 y sgts. de dicho Código. Entonces lamentablemente cabe concluir que al regular la "unión convivencial", se eliminó el denostatorio trato (concubino, concubina, etc.), pero no se elimino la discriminación de que son objeto los que –sea por la razón que sea- no celebraron formalmente el matrimonio.

Esto claramente no nos pone a la vanguardia del mundo, sino de espaldas al mismo.

Si estos países que acabo de citar tienen equiparada la "unión estable" de un hombre y una mujer, al "matrimonio", reconociendo algunos de ellos hasta la vocación hereditaria reciproca; es de imaginar lo que legítimamente cabía esperar del citado Código Civil y

Comercial argentino; una respuesta distinta. Se supone que nosotros en Argentina estábamos un paso más adelante en cuanto a la inclusión, respecto de aquellos países. Esto es el "matrimonio igualitario" establecido posteriormente a la Convención, por la ley 26618. Pero claro la reforma constitucional de 1994, lo omitió, y así dejo la puerta abierta a esta anómala situación.

Pero contra la expectativa mía, seguramente de muchos más; el deseo o el sueño (como quiera llamársele, no se cumplió), quedo intacto como eso: un sueño.

No deja en consecuencia de ser una deuda pendiente, si en algún momento se piensa en actualizar la situación a la dinámica de la sociedad en su conjunto.

Desde el 1 de enero de 1871 con la vigencia de nuestro Código Civil es infinito lo que se ha acumulado de doctrina y jurisprudencia. Pero no es menos cierto que la evolución de la sociedad a nivel global ha marcado otros rumbos, como expresé recientemente. Entonces no era posible pensar en otra cosa que no fuera el tratamiento de este tema como uno de los nuevos derechos y garantías, al llevarse a cabo la reforma constituyente de 1994.

Llegamos así al nuevo Código, que trata el tema con esta metodología. Las llama "UNIONES CONVIVENCIALES" y las legisla a partir del Art. 509.

Reconoce las uniones basadas en relaciones afectivas, con un proyecto de vida en común, para ser reconocidas no deben mediar los ya conocidos impedimentos "dirimentes". De los impedimentos "impedientes" no expresa nada el anteproyecto.

Continúa regulando la registración de esa llamada "unión convivencial", pero aceptando que a falta de ella puede acreditarse por cualquier otro medio (Art. 512). Prevé los pactos de convivencia, con amplia preponderancia en aspectos económicos; aunque aclara que "los convivientes" se deben asistencia durante la convivencia.

Y continuando con esta atención de los aspectos económicos, provee una compensación económica al cese de la convivencia, a favor del integrante de la relación que sufra un empeoramiento manifiesto de su situación económica (Art. 524), luego se refiere a la atribución de la vivienda que fue sede de la "unión convivencial", teniendo en cuenta quien tiene a su cargo el cuidado de los hijos menores o discapacitados, o si se acredita la extrema necesidad de una vivienda y la imposibilidad de procurársela en forma inmediata (Art. 526). Pero he aquí lo curioso de esta atribución de vivienda "El juez debe fijar el plazo de atribución. El plazo no puede ser mayor al que hubiera durado la convivencia, con un máximo de DOS AÑOS a contar desde que se produjo el cese de la convivencia". Tal como exprese anteriormente.

En caso de muerte al que se llama "conviviente supérstite", puede invocar el derecho real de habitación gratuito por un plazo máximo de DOS años. Y como corolario final, a falta de pacto, los bienes adquiridos durante la convivencia se mantienen en el patrimonio al que ingresaron (Art. 528).

En un primer momento hasta pensé que el tema hereditario del "conviviente supérstite" estaría tratado al referirse a las sucesiones; pero no solo no fue así, sino que al referirse al cónyuge, se cuido muy bien no mencionar al que fuera en vida "conviviente" o "conviviente supérstite". Es decir –media en el proyecto- la clara voluntad de excluirlo de todo derecho hereditario, pues esta omisión del "conviviente supérstite" no se da en otros pasajes del proyecto (Art. 67 in fine, Art. 250, Art. 255 inc. a, Art. 433 in fine, Art. 434 penúltimo párrafo, Art 523, inc. c, Art. 602, Art. 603, 604, etc. etc.).

Queda claro que mientras en muchos aspectos se tratan temas del matrimonio y la "unión convivencial" como de análoga o similar identidad, en el orden sucesorio no se ha efectuado referencia alguna.

Teniendo en cuenta lo que ya he venido estudiando y opinando sobre el tema[1]; del proyecto de unificación de los Códigos Civil y Comercial extraigo como positivo (en el aspecto que nos ocupa) que se elimina la palabra denostadora de *"concubino/a"* (que no es poco decir) para cambiarla por la de "conviviente". Pero me parece que no se cumple la finalidad *"igualitaria" y de "inclusión"* amplia, de los integrantes de la "unión convivencial" al no mediar una equiparación plena con el matrimonio, singularmente en cuanto a la vocación hereditaria reciproca; o el uso de la vivienda familiar. Y el trato de "conviviente" me ofrece reparos pues es también una forma de marcar diferencias. No me imagino a las personas cumplimentando formularios de la vida cotidiana, respondiendo a su estado civil como: "conviviente". ¿Esto no es acaso una forma de seguir discriminando?

Y esto tampoco es un tema menor, pues aquí están en juego inicialmente las personas, y no los bienes, en una relación que por ser precisamente de individuos debe estar alejada de todo sentido utilitario o de descarte.

Si se acepta la "unión estable" o la "unión convivencial" (como la llamaremos nosotros), el paso por el Registro Civil (o la ausencia del mismo) no puede válidamente cambiar los derechos y expectativas de los integrantes.

Reitero una vez más, como cuestión sin respuesta: "en países del bloque continental antes citados al reconocer y legislar la "unión estable" de un hombre y una mujer se la equipara al matrimonio. Algunos de ellos van sanamente más lejos, al reconocer la vocación hereditaria reciproca. Nosotros que dimos un paso adelante y legalizamos el matrimonio igualitario, **no** equiparamos a la "unión estable" al matrimonio, ni en los derechos hereditarios" ¡! Yo, no encuentro explicación.

Este muy breve análisis, con un sentido de aproximación que impone como primer objetivo este trabajo, lleva a múltiples y variadas conclusiones (por lo menos a mí), que paso a compartir:

**1.-** En el derecho comparado se asimila a las uniones estables, con el matrimonio. Por ende generan entre los componentes los mismos derechos y obligaciones en cuanto a sus relaciones, con los hijos, y con los bienes.

**2.-** Los esposos tienen vínculo hereditario, los integrantes de la "unión convivencial" (en el Código Civil y Comercial argentino), no.

**3.-** La única diferencia que existe entre matrimonio y unión estable, por lo menos entre los que abrieron surco antes que nosotros, radica en el elemento constitutivo o punto de partida (digamos legal, pero no el afectivo que se supone idéntico), pero no en el desenvolvimiento futuro de la relación familiar.

**4.-** Entre nosotros –en el proyecto- la diferencia unión estable con matrimonio, no solo radica en el medio constitutivo de la relación, sino en su proyección futura, y durante toda la vigencia del vínculo; también después del mismo.

**5.-** El conviviente está realmente desprotegido –literalmente comparado con el cónyuge- en cuanto a la atribución de la vivienda (llamémosle "convivencial") al fijar plazos tope de hasta dos años por ejemplo, para el uso de la misma.

**6.-** Luego de estas consideraciones no quedan dudas que matrimonio heterosexual o el igualitario confiere mayores derechos que la "unión convivencial" (sea esta de integrantes heterosexuales o de igual sexo). Consecuentemente *no hay inclusión*.

**7.-** Si el propósito tan pregonado es la "no discriminación", no cabe duda que en la unión convivencial (de personas de diferente o igual sexo, Art. 509), pareció no tener vigencia y están, o siguen todos discriminados; por el diferente tratamiento que se le pretende asignar en comparación con el matrimonio. Esto me trae a la mente un icono de nuestra cultura popular "Vivimos revolcaos en un merengue y en el mismo lodo todos manoseados".

**8.-** Aunque naturalmente debe reconocerse el merito de eliminar la palabra "concubino/a", la que con solo cotejarse en el diccionario de nuestra lengua española deja al descubierto lo denostatorio del término (ver nota de pie de página N° 1). O más precisamente una típica "violencia de género" psicológica, con fundamento en las expresiones o adjetivos calificativos.

**9.-** Estas "uniones convivenciales" (en el actual Código Civil y Comercial) están más caracterizadas por un vinculo económico acotado, que por un vinculo afectivo, con la trascendencia que el mismo tiene.

**10.-** Desde ya que no existe –prevista en el actual Código- vocación hereditaria reciproca, al no tener un trato equiparable al matrimonio.

**11.-** La respuesta a una realidad innegable; la de los vínculos de hecho, se da de una manera muy limitada, por no decir mezquina. Me queda la sensación que los integrantes de un matrimonio no son iguales en el trato, con los integrantes de una "unión convivencial". Y esto en derecho sinceramente cuesta aceptarlo; si creemos que el derecho está al servicio de las personas y de la justicia.

**12.-** Pero de algo estoy muy seguro –mas allí de lo opinable que es el mundo del derecho-, no logramos equipararnos, parecernos, ni igualar a los que legislaron antes sobre el tema, *sin limitaciones y con un espíritu amplio de comprensión y abarcamiento.* Sería un poco como expresar que no estamos a la altura de las circunstancias.

Si el propósito del nuevo Código civil y comercial fue entre otros, buscar *la simplicidad, la igualdad, la inclusión, con efectos totalizadores*; no me cabe duda que ese anhelo no está hasta hoy acabadamente logrado.

Me atrevo a pensar de esta manera pues entiendo que una relación de este tipo (sea heterosexual, o igualitaria), no puede ser ponderada tan solo en los aspectos materiales y económicos. Cuando existen comprometidas personas, con todo lo que ello significa, desaparece toda idea especulativa o de manipulación, pues ninguna persona es un bien de cambio o de consumo. Parece obvio que el que no lo crea así, puede constituir otras relaciones asociativas, pero no de índole familiar (sea legalmente, o de hecho), con lo que ellas significan.

Solo me resta buscar una respuesta que no puedo hallar: *¿Qué nos pasa a los argentinos que nos cuesta tanto hablar de familia, sin estructurarla en función de la forma en que nació o se fundó la misma?* Sinceramente no se qué nos pasa, pero lo que hasta hoy se hace; discrimina –aunque no sea el deseo-. Y debo aclarar que esta no es una cuestión meramente religiosa. Reconozco al matrimonio, no tan solo como instituto del derecho civil, sino también como sacramento para los católicos; pero no me atrevo a pensar que los que no son católicos; o los que siéndolo no quieren casarse, no tengan también la entidad de personas, con los mismos derechos y obligaciones que una sociedad civil debe garantizar.

Para concluir, la República Federativa del Brasil –el país con más población católica de América Latina-, fue un ejemplo de inclusión amplia al legislar la "unión estable" en su Código Civil, sancionado por ley 10.406 del 10 de enero de 2002, aclarando el relator general del proyecto, Diputado Ricardo Fiuza que no se trato en esa oportunidad la "unión estable de personas del mismo sexo" por no estar contemplada en la Constitución Federal. Es decir, está expresando que no se fue más lejos en el Código por la valla constitucional.

Era de esperar que frente a estos reparos, que trato de difundir, se impusiera que el tema tenga el debido análisis, debate y consenso no tan solo político, sino social con la opinión de los más diversos sectores comprometidos de nuestra sociedad, antes de convertir en ley este anteproyecto.

Esto me hace suponer   tal como

está diagramado el Código Civil y Comercial, en este aspecto dará lugar a más de un planteo de inconstitucionalidad, por afectar varias garantías de nuestra Constitución Nacional y tratados; especialmente la de igualdad ante la ley (Art. 16, 75, inc. 22º y concs. de la C. Nacional) que se supone no son un mero adorno gramatical.

Si la Convención Constituyente de 1994 no hubiera incurrido en la omisión que le atribuyo, no tendríamos hoy esta situación que nos coloca no a la vanguardia, sino a la cola de otros países de la región. El desarrollo que precedentemente efectué, pretende demostrar que la omisión de la Constitución Nacional, luego de la Asamblea constituyente de 1994, no fue menor.

Esto es, debió haberse incluido en la primera parte, capitulo segundo como nuevo derecho y garantía: a **"la unión estable familiar"**, del mismo modo en que lo hicieron los países que cite como ejemplo real.

Esto no es poco decir, cuando hablamos de derechos que exceden lo meramente material, para comprender que la omisión señalada implica un silencio que más de una vez daña sentimientos, afectos y hasta la propia psiquis humana.

Pero además de lo relativo a derechos tan inherentes a la persona humana, me preocupa la situación de Argentina que desde principios del siglo XX fue modelo continental. En este caso resigno ese privilegio.

### III.- Segunda omisión en la Constitución reformada:

Me refiero al tema de los adultos mayores. Es decir, no dejar librado tan solo a las normas de buena educación y convivencia, el trato que merecen los adultos mayores. Normas con las que la mayoría de las veces no alcanza.

Los nuevos derechos y garantías introducidos con la reforma de 1994 no hacen referencia alguna a ello.

Para ejemplificar, en la República Federativa del Brasil, su constitución se refiere puntualmente a ello en el Art. 230, que establece: *"La familia, la sociedad y el Estado tiene el deber de amparar a las personas mayores, asegurando su participación en la comunidad, defendiendo su dignidad y bien estar y garantizándoles el derecho a la vida".*

Y como correlato de ese derecho fundamental, ese país sanciono su "Estatuto del Idoso" o "Estatuto del mayor".

Entre nosotros, es odioso entrar a citar ejemplos sobre el trato cosificante que reciben los mayores más de una vez. Colas bancarias, trámites diversos, etc.

Bien podría haberse hecho una declaración dentro del Art. 41 del nuevo texto.

Pero ese derecho de los mayores que no ha de ser meramente retorico, en el Brasil por ejemplo forma parte cultural de su sociedad, por encima de la legislación. Esto se manifiesta –y los turistas lo comprobamos más de una vez- cuando una persona mayor de sesenta años está haciendo una cola (en cualquier lugar púhlico; aeropuerto, supermercado, etc.), y no necesita reclamar derecho alguno. El primero del público que lo advierte se preocupa en que sea atendido sin hacer colas ni esperas.

Por su parte la Constitución de la República del Paraguay no es menos y trata el tema en su **Artículo 57 - DE LA TERCERA EDAD.-** Toda persona en la tercera edad tiene derecho a una protección integral. La familia, la sociedad y los poderes públicos promoverán su bienestar mediante servicios sociales que se ocupen de sus necesidades de alimentación, salud, vivienda, cultura y ocio.

La República de Colombia tampoco ha quedado al margen de la defensa de los derechos de las personas de la tercera edad: **Artículo 46**. El Estado, la sociedad y la familia concurrirán para la protección y la asistencia de las personas de la tercera edad y promoverán su integración a la vida activa y comunitaria. El Estado les garantizará los servicios de la seguridad social integral y el subsidio alimentario en caso de indigencia.

Y vaya si se trata de una triste paradoja que la Constitución Nacional luego de la reforma, haya mostrado esta omisión. La Constitución de la Nación toda habría de ser decana en asegurar y garantizar derechos.

La Provincia de Buenos Aires tuvo otra visión mejor en este aspecto. Luego de la reforma constituyente de 1994, en el Art. 36 la Constitución de la Provincia de Buenos Aires sanciona ".....A tal fin reconoce los siguientes derechos sociales: ..............**6) de la tercera edad**: Todas las personas de la tercera edad tienen derecho a la protección integral por parte de su familia. La Provincia promoverá políticas asistenciales y de revalorización de su rol activo......."

## IV.- ¿Una reforma constituyente de urgencia?

Algunas señales que han quedado plasmadas en la reforma constituyente ya consagrada, me llevan a este interrogante. No está demás aclarar, con el debido respeto para los juristas de la Convención; y los que gozan del atenuante de no estar obligados a conocer detalladamente las leyes, y su espíritu. Menos aun la ley de leyes, la madre de la vida institucional de la República. La omisión en que se incurrió no es el único símbolo omisivo de esta "urgencia".

Efectivamente, veamos.

El Art. 61 de la Constitución de 1853 decía textualmente "Ningún senador o diputado, desde el día de su elección hasta el de su cese, puede ser arrestado; excepto el caso de ser sorprendido *in fraganti* en la ejecución de algún crimen que merezca pena de muerte, infamante, u otra aflictiva; de lo que se dará cuenta a la Cámara respectiva con la información sumaria del hecho.

Y ese mismo texto fue conservado luego de la Convención Constituyente de 1994, pasando a llevar el N° 69.

El citado texto era entendible en la redacción originaria, cuando aun no se había sancionado el Código Penal en la República Argentina, pero mediando una Convención en 1994, parecía ocioso mantenerlo inalterable, desde que Argentina no adopto la pena de muerte. Ni la podrá adoptar en adelante.

Efectivamente, después de la reforma Constituyente de 1994, ya no podría sancionar esa pena en el futuro. El Art. 75 inc. 22 expresa: Aprobar *o desechar tratados concluidos con las demás naciones y con las organizaciones internacionales y los concordatos con la*

*Santa Sede. Los tratados y concordatos tienen jerarquía superior a las leyes.*

*La Declaración Americana de los Derechos y Deberes del Hombre; la Declaración Universal de Derechos Humanos;* **la Convención Americana sobre Derechos Humanos***; el Pacto Internacional de Derechos Económicos, Sociales y Culturales; el Pacto Internacional de Derechos Civiles y Políticos y su Protocolo Facultativo; la Convención sobre la Prevención y la Sanción del Delito de Genocidio; la Convención Internacional sobre la Eliminación de todas las Formas de Discriminación Racial; la Convención sobre la Eliminación de todas las Formas de Discriminación contra la Mujer; la Convención contra la Tortura y otros Tratos o Penas Crueles, Inhumanos o Degradantes; la Convención sobre los Derechos del Niño; en las condiciones de su vigencia,* **tienen jerarquía constitucional***, no derogan artículo alguno de la primera parto de esta Constitución* **y deben entenderse complementarios de los derechos y garantías por ella reconocidos***. Sólo podrán ser denunciados, en su caso, por el Poder Ejecutivo Nacional, previa* *aprobación de las dos terceras partes de la totalidad de los miembros de cada Cámara.*

*Los demás tratados y convenciones sobre derechos humanos, luego de ser aprobados por el Congreso, requerirán del voto de las dos terceras partes de la totalidad de los miembros de cada Cámara para gozar de la jerarquía constitucional.*

Nos remitimos pues a la Convención Americana sobre derechos humanos, conocida como Pacto de San José de Costa Rica, prohíbe expresamente incorporar la pena de muerte, a los Estados que no la tienen en su derecho positivo. Con el agregado adicional que si existiera en el derecho interno de una nación signataria, no podrá ampliársela para otros delitos, respecto a los cuales no estaba prevista.

Por si alguna duda pudiera quedar el Art. 4, inc. 2º dice: "2. En los países que no han abolido la pena de muerte, ésta sólo podrá imponerse por los delitos más graves, en cumplimiento de sentencia ejecutoriada de tribunal competente y de conformidad con una ley que establezca tal pena, dictada con anterioridad a la comisión del delito. Tampoco se extenderá su aplicación a delitos a los cuales no se la aplique actualmente.

Luego de este análisis, parece como "auto contradictorio" que el actual art. 69º replica del originario art. 61, mantuviera la palabra "**pena de muerte**", la que se convirtió en una expresión superflua, inútil e intrascendente; frente a la ratificación que se estaba efectuando nada menos que dentro de la propia constitución, en el Art. 75, inc. 22. Si esto no evidencio una "tarea de urgencia", no entiendo a que pudo deberse.

Puede decirse que ello no perjudica la validez de la constitución, o que no es más que letra muerta; lo que en rigor es cierto. Pero se supone que cuando estamos frente a la ley de leyes, la ley fundamental y primera  -o mas gráficamente el catecismo republicano-, debimos ser sumamente prolijos en esencia y en apariencia. Cual un escultor con su obra.

Los países tienen como primera muestra de legalidad ante el mundo, a sus constituciones. La pulcritud de las mismas es también una carta o modo de presentación.

Y como sostén de este argumento; el mundo mira a qué punto los países tienen apego a su Constitución. "**Estados Unidos consideró como "un paso atrás para la democracia en Bolivia" que el presidente Evo Morales haya obtenido luz verde para postularse a un cuarto mandato consecutivo**, aunque un referendo el año pasado le negara esa posibilidad" (Fallo del Tribunal Constitucional de Bolivia en Noviembre de 2017).

Esto por supuesto no es un mero adorno retorico, sino que tiene un sentido eminentemente práctico y operativo. El que busca un país para entablar un proyecto, un emprendimiento, e inclusive formar su propia vida, que es lo que busca? Un país previsible anticipadamente, o un país variable e impredecible? La respuesta es clara, todos procuramos comenzando por nuestro propio país –sea cual sea este- saber que hay un principio básico de legalidad, que nos coloca frente a un futuro previsible y calculable. No podría ser de otra forma, pues la vida de las sociedades no es un juego de azahar o una tómbola

### V.- La Provincia de Buenos Aires no ha sido ajena:

El 22 de agosto de 1994 se aprobó definitivamente la reforma constitucional de la Nación Argentina en la localidad de Olivos.

Y la reforma constituyente de la Provincia de Buenos Aires, fue aprobada En la Sala de la Honorable Convención Constituyente, en la ciudad de La Plata, a los trece días del mes de setiembre de 1994.

Debo expresar –para mi gusto-, que la Constitución de la Provincia de Buenos Aires me pareció más precisa en cuanto a derechos, garantías y acciones de defensa.

La reforma constituyente de 1994, también da señales de una laroa "de apuro" para calificarla de alguna manera, pues tiene fallas que no se pueden permitir en un cuerpo jurídico fundamental para la vida institucional. No es una ley mas, no es un decreto, o un reglamento; es LA LEY DE LEYES.

Esta afirmación no es caprichosa.

El Art. 144 inc. 5º dice que Ejercerá los derechos de patronato como vice patronato hasta que el Congreso Nacional, en uso de la atribución que le confiere el artículo 67", inciso 19, de la Constitución de la República, dicte la ley de la materia.

Y el mismo Art. 144, en el inc. 13º dice: "Decretar también la movilización de las milicias, en los casos previstos por el inciso vigésimo cuarto, artículo sesenta y siete de la Constitución Nacional".

Vemos que hace remisiones a artículos que forman parte del texto de la originaria Constitución Nacional de 1853.

El artículo al que pretendieron referirse dichos textos luego de la reforma, no era otro que el actual Art. 75º , en lugar del Art. 67º del texto originario, como erróneamente se consigno.

Esto habría pasado inadvertido si la reforma constituyente de la provincia hubiera sido anterior a la nacional, pero como fue a la inversa (reitero 22 de agosto de 1994 la nacional, y 13 de setiembre de 1994 la provincial), no tiene demasiado justificativo el error señalado.

Finalizando, en un análisis más de estas inquietudes, solo puedo agregar que por muchas leyes que sancionemos, muchas reglamentaciones que se hagan, si no respetamos el principio de reserva con nos transmite fundacionalmente el Art. 19°; el principio de supremacía del Art. 31° singularmente, y la Constitución en general, no podemos tener República.

Creo que nos debemos todos, una respuesta acerca de si la Constitución Nacional se cumple en forma inexcusable, o en muchos casos es nada más que un adorno retorico. Y en función de ello comprometer el esfuerzo colectivo, y de los poderes públicos para que la Constitución como piedra fundacional del contrato social sea cumplida inexorablemente.

Esto es lo que le da a una Nación la calificación de país previsible (o no), seguro y confiable (o lo contrario).

# LIBRO SEGUNDO

## PER SALTUM O SALTO DE INSTANCIA

### I.- Definición:

El per saltum o salto de instancia es una posibilidad a través de la cual un órgano judicial de mayor jerarquía al que correspondería intervenir en determinado litigio, siguiendo el curso normal de los procedimientos, se avoca al tratamiento de una contienda judicial.

Cabe preguntarse pues si ¿el per saltum opera por vía recursiva de alguna de las partes del proceso? Normalmente el Tribunal debe tomar conocimiento del tema, como así también la trascendencia de su entidad para avocarse. Esto puede ser por informe que le haga llegar alguna de las partes, o que el Tribunal conozca por otro medio. Pero esa información no tiene entidad de recurso, como para ser calificada de esa manera.

El per saltum o salto de instancia puede ser activado por las partes, o el órgano judicial (léase Corte Suprema Nacional), cuando pide o solicita la remisión de determinado litigio para avocarse conocimiento del mismo. En este último supuesto, bien podría definirse como "requerimiento inverso de elevación". Esto porque los que apelan no son las partes, sino que el más Alto Órgano judicial es el que decide: "este caso debe llegar ante mí ahora, para tratar el mismo".

No cualquier cuestión judiciable autoriza el salto de instancia, sino que debemos estar ante: "cuestiones federales que exhiban inequívocas y extraordinarias circunstancias, o se configure un caso de gravedad institucional"

Con esta breve introducción a modo de puesta en tema, veremos los antecedentes a nivel nacional antes de llegar a su reglamentación procesal.

Entiendo que con la regulación se limitó el funcionamiento del "salto de instancia", pues no está previsto que la Corte –sin que medie petición de parte- pueda requerir directamente la remisión de una causa.

Pero no obstante ello, debo interpretar que esa posibilidad en la práctica no le está vedada. Si el más Alto Tribunal toma conocimiento a través de la prensa u otros medios de difusión, de una situación realmente agresiva a las instituciones o a los derechos fundamentales con riesgo de ser irreparable, nada impediría que pueda avocarse. Seria en tal caso el requerimiento inverso de elevación al que me réferi. El caso llega al más Alto Tribunal porque él decide solicitarlo, no porque las partes lo plantearan.

## II.- Antecedentes de per saltum antes de su regulación:

Entre nosotros hemos tenido algunos casos: 1. "Margarita Belén". 2. El caso "Dromi José Roberto".

**Margarita Belén**: El domingo 12 de diciembre de 1976, siete militantes de las Juventudes Peronistas detenidos "a la vista" e incomunicados en la Unidad Penitenciaria 7 de la ciudad de Resistencia fueron retirados de sus celdas, con el pretexto de su traslado a la cárcel de máxima seguridad de Formosa. Fueron trasladados en transportes militares a la alcaidía de Resistencia; el ex diputado de la Unión Cívica Radical, Víctor Marchesini, también preso en la alcaidía, informó años después que fueron torturados en el comedor del establecimiento, antes de ser aislados en celdas individuales. Pocos días antes, otros detenidos habían llegado a la Brigada de Investigaciones de Resistencia y luego a la alcaidía, trasladados desde otras cárceles de la provincia de Misiones, a los que también se sometió a torturas y aislamiento.

De acuerdo con testimonios presentados ante la CONADEP, los encargados de la tortura pertenecían al Destacamento de Inteligencia 124 del Ejército al mando del entonces teniente coronel Armando Hornos; los acompañaban agentes de la brigada de investigaciones de la policía del Chaco. Durante la noche se presentó una comisión militar que presentó órdenes de traslado para retirar a 13 de los detenidos; estos fueron entregados y transportados en dos camiones militares, custodiados por un patrullero de la policía del Chaco, *hasta un descampado vecino a la localidad de Margarita Belén*. El teniente general Ricardo

Brinzoni, en declaraciones que hizo en 2001, dijo que "fue una operación militar para eliminar delincuentes terroristas" y que se trató de "un fusilamiento encubierto de detenidos que estaban en la cárcel U-7

El valioso precedente que puede citarse en la jurisprudencia de nuestro más Alto Tribunal seria el pronunciamiento que, con fecha 12 de setiembre de 1988, recayó en la causa "Investigación de los hechos ocurridos el 13 de diciembre de 1976 en la localidad de Margarita Belén (Chaco)" (F. 311-1762) . Frente a una cuestión de competencia por el conflicto negativo que se había trabado entre la Cámara Federal de Resistencia y la Cámara en lo Criminal y Correccional Federal de la Capital Federal, la mayoría de los votos de los ministros Dres. Caballero, Fayt y Bacqué, se refirió con diversos fundamentos a la imposibilidad del Tribunal de entrar a resolver el fondo del asunto, pues en función de lo dispuesto por los arts. 100 y 101 CN (actuales arts. 116 y 117), no lo habilitaba ni por vía de apelación ni en su competencia originaria y exclusiva el conflicto planteado, ni aun bajo la invocación de la gravedad institucional. De esta forma, se negó la procedencia al "per saltum". Pero, el Dr. Petracchi, (en minoría) y en disidencia opinaba que la CS debía entrar al fondo de la causa invocando la gravedad institucional y precedentes jurisprudenciales, que hacían procedente su intervención superando los rituales procesales frustratorios del control de constitucionalidad.

**Dromi José Roberto**, más comúnmente conocido por el contenido que por el nombre. Esto es la causa por la privatización de la compañía pública de bandera AEROLINEAS ARGENTINAS.

### *MOISES FONTELA s/AMPARO y Per Saltum articulado por DROMI Ministro del P.Eiecutiyo*

Fontela se graduó como ingeniero agrónomo en el año 1960 en la Universidad Nacional de Buenos Aires, habiendo sido docente de esa universidad.

Desde 1964 es, también productor ganadero, vinculándose al "movimiento CREA". Se radicó en Castelli, provincia de Buenos Aires. Casado, tiene 7 hijos y 13 nietos.

Se incorporó al Partido Justicialista en 1983, relacionándose especialmente con el entonces diputado nacional Antonio Cafiero y con la renovación peronista.

En 1987 asumió como intendente del partido de Castelli por el justicialismo, y centró su administración en la obra pública y el ordenamiento administrativo.

En 1989 fue electo Diputado Nacional por el PJ, por lo que presentó su renuncia a la intendencia. Desde aún antes de asumir su cargo — diciembre de 1989 —se relacionó con otros diputados que se oponían al giro liberal que tomaba el recientemente electo presidente Carlos Saúl Menem. En enero de 1990 fundó el Grupo de los Ocho, con los diputados Germán Abdala, Darío Alessandro, Juan Pablo Cafiero, Luis Brunati, Franco Caviglia, José "Conde" Ramos y Carlos "Chacho" Álvarez._Dirigieron su acción política a la oposición de las privatizaciones de las empresas públicas, emprendida por Menem, y a denunciar reiterados actos de corrupción en el gobierno nacional. También se opusieron firmemente a los indultos presidenciales a jefes militares condenados por sus acciones criminales durante la dictadura militar y a jefes guerrilleros.

Se hizo conocido a nivel nacional en 1990, al lograr que una acción de amparo presentada por él declarara inconstitucional la privatización de Aerolíneas Argentinas, la *aerolínea de bandera* de la Argentina. La razón esgrimida fue la incoherencia en el contrato de concesión, entre la supuesta autoridad delegada al Estado Argentino para vetar ciertas acciones de la empresa, y su muy escasa participación accionaria. Al día siguiente, la Corte Suprema de Justicia de la Nación Argentina hizo lugar al pedido de *per saltan,* — procedimiento jurídico de intervención directa de la Corte inaugurado especialmente para la ocasión, y casi no utilizado desde entonces — realizado por el Poder Ejecutivo, y rechazó la declaración de inconstitucionalidad con argumentos poco sólidos; solo justificables en "la impronta política de algunas decisiones judiciales".

### III.- Actual regulación del salto de instancia:

Dejo de ser un toma de tratamiento discrecional (o por lo menos no librado exclusivamente a la interpretación), a partir de la ley 26790 (B.O. 4/12/2012).

Esta ley no hace otra cosa que incorporar una nueva normativa al Código Procesal Civil y Comercial de la Nación. De este modo habilita el recurso extraordinario por "salto de instancia" en los siguientes supuestos:

1. En causas de competencia federal

2. Que se acredite que comprenden cuestiones de notoria gravedad institucional

3. En que se haga necesaria una solución definitiva y expeditiva

4. En que este medio (el salto de instancia) sea el único para la inmediata protección del derecho federal comprometido, y

5. Para evitar perjuicios de imposible o insuficiente reparación ulterior. Situación que se daría de tener que transitar toda la vía recursiva, con lo que ello significa por el transcurso del tiempo.

Se consideran casos de gravedad institucional que puedan habilitar esta vía extraordinaria:

1.- Que la cuestión sometida a juicio exceda el interés de las partes involucradas en el mismo,

2.- proyectándose sobre el general

3.- que por su trascendencia pueda comprometer las instituciones básicas del sistema republicano de gobierno, o los principios y garantías consagrados por la Constitución Nacional o los Tratados Internacionales por ella incorporados.

4.- que se trate de sentencias definitivas de primera instancia, o de resoluciones equiparables a ellas en sus efectos, y aquellas dictadas a titulo de medidas cautelares.

*No procede esta previsión excepcional del "per saltum" en causas de materia penal.*

El recurso extraordinario por salto de instancia deberá interponerse directamente ante la Corte Suprema mediante escrito fundado y autónomo, dentro de los diez (10) días de notificada la resolución impugnada.

Si bien en cuanto a los plazos no hay particularidades dignas de mención, se observa que del mismo modo que estamos frente a un remedio excepcional, también es excepcional la forma de interposición del recurso.

Entre nosotros sabemos que – salvo el recurso de hecho, o queja- los recursos se interponen ante el órgano (juzgado de primera instancia, cámara, etc.) que dicto la sentencia o resolución recurrida, para ser luego elevados y tratados por el órgano superior inmediato.

En este caso se modifica la regla, y el recurso debe interponerse directamente ante la Corte Suprema de Justicia de la Nación.

Atendiendo esta regulación, es de esperar que con el transcurso del tiempo de genere suficiente doctrina. Especialmente por lo restrictivo y puntual de la vía.

Advierto, conforme exprese al inicio de este tema, que si bien legalmente no está prevista la avocación por decisión directa de la Corte Suprema (sin que medie recurso previo), tampoco está prohibida. Debemos ser proclives a aceptarlo así, pues frente a una situación de gravedad institucional, publica y con amenaza de ocasionar daños irreversibles e irreparables, si ninguna parte hace el planteo, no es imaginable suponer al más Alto Tribunal de la Nación mirando con indiferencia.

# LIBRO TERCERO

## AMICUS CURIAE o AMIGO DEL TRIBUNAL

Deberé expresar que esta institución originada en el derecho romano y difundida posteriormente desde Inglaterra para todo el sistema anglosajón resulta de interés para ayudar a resolver controversias.

Una persona o entidad – ajena al litigio- de reconocida solvencia en una materia determinada brinda el aporte de sus conocimientos al Tribunal para facilitar mayores elementos de convicción que ayuden a resolver.

Esto así expuesto puede no ser suficiente para entender el alcance de esta colaboración o aporte. Al menos hasta que fue reglamentado, como veremos más adelante.

Y quiero también referirme a un "amigo del tribunal" que nadie ha mencionado. Pero pese a ello no ha dejado de existir. Es un amigo no declarado, no regulado, pero no por ello menos trascendente. Veamos.

¿Cuántas veces un magistrado debe resolver en derecho temas o controversias que tienen su origen en cuestiones científicas ajenas al derecho (practicas medicas, cálculos matemáticos, resistencia de materiales, formulas químicas, etc.), para las que ningún juez esta normalmente capacitado? O las pericias técnicas del litigio no le resultan suficientemente entendibles o esclarecedoras.

Es cierto que para ello existe la llamada "prueba pericial" encargada de aportar esos conocimientos. Prueba que no solo se compone del informe del experto, sino también de las explicaciones que las partes pidan al mismo, o el propio juez requiera para formar su criterio.

Ahora bien, esto en la formal nos da una explicación al interrogante. Pero hay también una realidad incoslayable. El natural deseo del ser humano por conocer acabadamente la verdad. Más aun cuando se trata de un juez, con la responsabilidad que cae sobre su conciencia.

Yo me permitiré poner simples ejemplos de mi vida profesional de abogado. No obstante lo que decían las pericias, no siempre claras como uno desearía, he recurrido a amigos (ajenos al litigio), ya sea médicos, ingenieros, inclusive físicos, para que me ayudaran a interpretar lo que un perito había querido decir en el juicio. Y esto sin duda fue muy valioso. Si será valioso que los abogados, además del derecho, estamos obligados a conocer cuestiones impensadas que nos aparecen en la vida profesional.

Por una razón elemental y queriendo empatizar lo que ha de pasar muchas veces por la intimidad de un magistrado, me planteo si ¿los jueces en la intimidad de su conciencia, no harán muchas veces lo mismo ante algún amigo de su confianza, que practique determinada ciencia?

No solamente algunos deben hacerlo, lo que no está mal –si el propósito es enriquecer la propia cultura personal-, sino que no nos debe sorprender, molestar ni extrañar. Se trata ni más ni menos que de una realidad humana.

Comentarios al margen, el amicus curiae que aquí nos ocupa es el visible.

Entonces qué se requiere para que el "amigo del tribunal" pueda emitir una opinión en determinado litigio:

1.- Que se trate de persona física o jurídica con reconocida competencia sobre la cuestión debatida en el pleito.

2.- Que se debatan cuestiones de trascendencia colectiva o interés general.

3.- Que el interviniente sea ajeno a la controversia en litigio.

4.- La Corte Suprema establecerá cuales son las causas aptas para este tipo de actuación.

5.- El Tribunal podrá invitar a cualquier entidad, oficina, órgano o autoridad a que tome intervención, para expresar opinión fundada.-

6.- El tercero que pretenda intervenir deberá solicitar su inclusión, si no estuviere entre los temas seleccionados por la Corte.

7.- La intervención deberá contar con asistencia letrada.

8.- Como el amigo del Tribunal no tiene carácter de parte, su actuación no devengara costas ni honorarios judiciales.

9.- Se crea un registro de personas, entidades, oficinas, órganos, etc. que tengan interés en intervenir como Amigo del Tribunal.-

### I.- Su regulación por la CSN

La Corte Suprema de Justicia de la Nación reglamento definitivamente esta figura mediante Acordada 7/13 en expediente 2439/04. Digo definitivamente, pues hubo dos acordadas anteriores sobre el instituto, que fueron las acordadas 28/2004 y 14/2006.

Tenemos antecedentes de presentaciones, luego de la Acordada reglamentaria

El 14 de agosto de 2013 se celebro ante la CSN audiencia pública con "amigos del tribunal" en la causa conocida como "CLARIN y la ley de medios".

El juez federal Sebastián Casanello admitió hoy que la diputada nacional Margarita Stolbizer actúe como "amicus curiae" (amiga del tribunal) en la causa llamada "ruta del dinero K" en que está imputado el empresario Lázaro Báez.

"La pretensión de la Señora Diputada es demostrativa no solo de su firme compromiso en la lucha contra la corrupción, sino de su deseo de actuar por los carriles legales e institucionales, asumiendo las responsabilidades que el rol de actor dentro del proceso conlleva", sostuvo el magistrado en un fallo.[2]

De esta forma tenemos a un instituto funcionando en nuestro sistema judicial.

La Provincia de Buenos Aires fue un paso más adelante y sanciono su ley reglamentando el funcionamiento del instituto "amigo del tribunal", lo que hizo

---

[2] Diario Clarín del 13/11/2015

mediante ley 14736 (15/9/15 BO Nº
27620).-

_____

# APENDICE

## Ley 26.790 INCORPORANDO EL SALTO DE INSTANCIA

Sancionada: Noviembre 14 de 2012 Promulgada De Hecho: Noviembre 30 de 2012 Fecha de Publicación: B.O. 4/12/2012 El Senado y Cámara de Diputados de la Nación Argentina reunidos en Congreso, etc. sancionan con fuerza de Ley:

**ARTÍCULO 1°** — Incorpóranse como artículos 257 bis y 257 ter de la ley 17.454 (Código Procesal Civil y Comercial de la Nación) los siguientes: RECURSO EXTRAORDINARIO POR SALTO DE INSTANCIA.

**Artículo 257 bis**: Procederá el recurso extraordinario ante la Corte Suprema prescindiendo del recaudo del tribunal superior, en aquellas causas de competencia federal en las que se acredite que entrañen cuestiones de notoria gravedad institucional, cuya solución definitiva y expedita sea necesaria, y que el recurso constituye el único remedio eficaz para la protección del derecho federal comprometido, a los fines de evitar perjuicios de imposible o insuficiente reparación ulterior. Existirá gravedad institucional en aquellas cuestiones sometidas a juicio que excedan el interés de las partes en la causa, proyectándose sobre el general o público, de modo tal que por su trascendencia queden comprometidas las instituciones básicas del sistema republicano de gobierno o los principios y garantías consagrados por la Constitución Nacional y los Tratados Internacionales por ella incorporados. La Corte habilitará la instancia con alcances restringidos y de marcada excepcionalidad. Sólo serán susceptibles del recurso extraordinario por salto de instancia las sentencias definitivas de primera instancia, las resoluciones equiparables a ellas en sus efectos y aquellas dictadas a título de medidas cautelares. No procederá el recurso en causas de materia penal.

## FORMA, PLAZO, TRAMITE Y EFECTOS

**Artículo 257 ter**: El recurso extraordinario por salto de instancia deberá interponerse directamente ante la Corte Suprema mediante escrito fundado y autónomo, dentro de los diez

(10) días de notificada la resolución impugnada. La Corte Suprema podrá rechazar el recurso sin más trámite si no se observaren prima facie los requisitos para su procedencia, en cuyo caso proseguirá la causa según su estado y por el procedimiento que corresponda. El auto por el cual el Alto Tribunal declare la admisibilidad del recurso tendrá efectos suspensivos respecto de la resolución recurrida. Del escrito presentado se dará traslado a las partes interesadas por el plazo de cinco (5) días notificándolas personalmente o por cédula. Contestado el traslado o vencido el plazo para hacerlo, la Corte Suprema decidirá sobre la procedencia del recurso. Si lo estimare necesario para mejor proveer, podrá requerir al

Tribunal contra cuya resolución se haya deducido el mismo, la remisión del expediente en forma urgente.

**ARTICULO 2°** — La presente ley entrará en vigencia a partir del día de su publicación en el Boletín Oficial.

**ARTICULO 3°** — Comuníquese al Poder Ejecutivo nacional. DADA EN LA SALA DE SESIONES DEL CONGRESO ARGENTINO, EN BUENOS AIRES, A LOS CATORCE DIAS DEL MES DE NOVIEMBRE DEL AÑO DOS MIL DOCE. — REGISTRADO BAJO EL N° 26.790 — BEATRIZ ROJKES de ALPEROVICH.

---

## REGLAMENTACION DEL AMICUS CURIAE POR LA CSN

**ACORDADA 7/2013** - CORTE SUPREMA DE JUSTICIA DE LA NACION - RÉGIMEN QUE REGULA LA PARTICIPACIÓN DE LOS AMIGOS DEL TRIBUNAL. MODIFICACIONES. Buenos Aires, 23 abril de 2013 Expediente N° 2439/04 En Buenos Aires, a los 23 días del mes de abril del año 2013, reunidos en la Sala de Acuerdos del Tribunal, los señores Ministros que suscriben la presente, CONSIDERARON: Que esta Corte considera conveniente introducir modificaciones en el régimen que regula la participación de los Amigos del Tribunal en las causas judiciales radicadas ante este estrado (acordadas

28/2004 y 14/2006), a fin de procurar una mayor y mejor intervención de estos actores sociales y, con ello, de alcanzar los altos propósitos perseguidos de pluralizar y enriquecer el debate constitucional, así como de fortalecer la legitimación de las decisiones jurisdiccionales dictadas por esta Corte Suprema en cuestiones de trascendencia institucional. Que para el mejor logro de ese objetivo han expresado sus opiniones diversas organizaciones no gubernamentales y agencias públicas, que voluntariamente concurrieron ante la convocatoria abierta por el Tribunal, cuyas conclusiones han sido debidamente consideradas. Por ello, ACORDARON: I. Autorizar la intervención de Amigos del Tribunal, con arreglo al reglamento que, como anexo, forma parte integrante de este acuerdo; II. Dejar sin efecto las acordadas 28/2004 y 14/2006; III. Ordenar la publicación de la presente en el Boletín Oficial. IV. Disponer que el nuevo régimen se aplicará para las causas en que el llamamiento de autos, o la recepción de los autos principales en el caso de los recursos de queja, tengan lugar con posterioridad a la publicación que se ordena. Todo lo cual dispusieron, ordenando que se comunique, se publique en el Boletín Oficial y en la página web del Tribunal y se registre en el libro correspondiente, por ante mí, que doy fe. Ricardo L. Lorenzetti. — Carmen M. Argibay. — Juan C. Maqueda. — Elena I. Highton de Nolasco. — Carlos S. Fayt. — Enrique

S. Petracchi. — Raúl Zaffaroni. — Cristian S. Abritta. -//-TO DEL SEÑOR MINISTRO DOCTOR DON CARLOS SANTIAGO FAYT: CONSIDERANDO: Que como juez integrante de un cuerpo colegiado integrado por siete miembros, una regla elemental —que condiciona su adecuado funcionamiento— prescribe que todos los jueces y juezas del Cuerpo están obligados a acatar lealmente las decisiones tomadas con anterioridad por la mayoría de sus miembros, con indiferencia de cuál fue efectivamente su opinión en la declaración de que se trata. La decisión de esta Corte tomada en el precedente "Luis Magín Suárez" de Fallos: 310: 2845 (voto de los jueces Belluscio y Fayt, y voto concurrente del juez Caballero) participa de esta comprensión, por lo que se dan por reproducidos los demás argumentos que sostienen esta conclusión. Que en las condiciones expresadas, ante la anterior decisión de la Corte de admitir la intervención de los Amigos del Tribunal (acordada 28/2004) y la que, concordemente, se adopta en la presente de mantener dicho instrumento democrático de participación procesal y de modificar sólo el reglamento aplicable, el infrascrito concurre al acuerdo y suma su voto afirmativo al reglamento aprobado por las señoras y señores Ministros 2 del Tribunal. Todo lo cual dispusieron, ordenando que se comunique, se publique en el Boletín Oficial y en la página web del Tribunal y se registre en el libro correspondiente, por ante mí, que doy fe.

## REGLAMENTO SOBRE INTERVENCION DE AMIGOS DEL TRIBUNAL.-

**Artículo 1°**- Las personas físicas o jurídicas que no fueren parte en el pleito, pueden presentarse ante la Corte Suprema de Justicia de la Nación en calidad de Amigo del Tribunal, en todos los procesos judiciales correspondientes a la competencia originaria o apelada on los que se debatan cuestiones de trascendencia colectiva o interés general.

**Artículo 2°**- El Amigo del Tribunal deberá ser una persona física o jurídica con reconocida competencia sobre la cuestión debatida en el pleito. En el primer capítulo de su presentación fundamentará su interés para participar en la causa y deberá expresar a qué parte o partes apoya en la defensa de sus derechos, si ha recibido de ellas financiamiento o ayuda económica de cualquier especie, o asesoramiento en cuanto a los fundamentos de la presentación, y si el resultado del proceso le representará — directa o mediatamente— beneficios patrimoniales.

**Artículo 3°-** La intervención que se reglamenta alcanza al Estado Nacional, a los Estados Provinciales, a la Ciudad Autónoma de Buenos Aires y a los municipios. Quedan incluidas las agencias de cada una de las mencionadas organizaciones estaduales siempre que estuvieren suficientemente autorizadas para actuar ante un tribunal de justicia. Deberán tomar participación por medio del funcionario debidamente habilitado para representar a la oficina de que se trate.

**Artículo 4°**- La actuación del Amigo del Tribunal tiene por objeto enriquecer la deliberación en cuestiones institucionalmente relevantes, con argumentos fundados de carácter jurídico, técnico o científico, relativos a las cuestiones debatidas. No podrá introducir hechos ajenos a los tomados en cuenta al momento do trabarse la litis, o que oportunamente hayan sido admitidos como hechos nuevos, ni versar sobre pruebas o elementos no propuestos por las partes en las etapas procesales correspondientes.

**Artículo 5°-** La Corte Suprema establecerá cuáles son las causas aptas para la actuación de que se trata, mediante una providencia que —salvo situaciones de excepción— será dictada con posterioridad al dictamen de la Procuración General de la Nación que contempla el art. 33, inc. A., ap. 5°, de la ley 24.946.

**Artículo 6°-** La disposición mencionada fijará el plazo para efectuar las presentaciones correspondientes que —salvo situaciones de urgencia— no podrá ser menor de un mes, e indicará el día en que fenece. Durante dicho lapso el expediente permanecerá en secretaría a disposición de los interesados, que podrán revisar las actuaciones y obtener las copias correspondientes.

**Artículo 7°** - Los asuntos seleccionados serán incluidos en la lista prevista en el art. 1°, inciso 7°, de la acordada n° 1/2004, según la modificación introducida por la acordada 14/2006, junto con una exposición sinóptica de las cuestiones que, como federales, se pretende someter a examen y decisión del Tribunal, e indicando el día en que vence el plazo para efectuar las presentaciones respectivas. Sin perjuicio de esa difusión, se remitirá notificación por cédula a diligenciarse en el domicilio electrónico de todas las entidades que co inscribieren en el registro de Amigos del Tribunal que se crea por el presente reglamento.

**Artículo 8°**- El Tribunal podrá invitar a cualquier entidad, oficina, órgano o autoridad de su elección, comprendida en los arts. 2° y 3° del presente, para que tome intervención en los términos de este ordenamiento a fin de expresar una opinión fundada sobre un punto determinado.

**Artículo 9°**- En el caso de que un tercero pretenda intervenir espontáneamente sin aguardar la providencia mencionada en el artículo 5°, deberá solicitar a la Corte la inclusión de la causa en el listado correspondiente. La petición se llevará a cabo mediante una presentación por escrito que no excederá de cinco (5) páginas de veintiséis (26) renglones cada una de ellas, con firma de letrado autorizado para litigar ante el Tribunal según lo dispuesto por la acordada 54/85, en que deberá expresar la naturaleza del interés del peticionario y las razones por las cuales considera que el asunto es de trascendencia o de interés público. Hasta tanto la Corte no tome una decisión expresa que admita la solicitud, no se aceptarán presentaciones en el carácter propuesto.

**Artículo 10** - La presentación de los Amigos, además de lo establecido en el art. 2°, deberá contar con firma de letrado autorizado para litigar ante esta Corte en los términos señalados en la disposición anterior, no podrá superar las veinte (20) páginas de extensión, de veintiséis (26) renglones cada una de ellas, y deberá ser acompañado también en soporte magnético. En la presentación deberá constituirse domicilio electrónico en los términos del art. 40 del Código Procesal Civil y

Comercial de la Nación, según el régimen instituido por acordada n° 31/11. **Artículo 11** - Si la Corte Suprema considerara pertinente la presentación, ordenará su incorporación al expediente mediante una providencia única, que se notificará con arreglo a lo dispuesto en el art. 133 del Código Procesal Civil y Comercial de la Nación.

**Artículo 12** - El Amigo del Tribunal no reviste carácter de parte ni puede asumir ninguno de los derechos procesales que corresponden a éstas. Su actuación no devengará costas ni honorarios judiciales.

**Artículo 13** - Las opiniones o sugerencias del Amigo del Tribunal tienen por objeto ilustrar a la Corte Suprema. No vinculan a ésta pero pueden ser tenidas en cuenta en el pronunciamiento del Tribunal.

**Artículo 14**- En todas las sentencias dictadas en causas en que hubieran intervenido Amigos del Tribunal, se incluirá en la información que exige la acordada 2/2004 el nombre de los sujetos que intervinieron en dicha condición, sus representantes y letrados patrocinantes.

**Artículo 15** - Créase en el ámbito de la Secretaría General y de Gestión un registro de personas, entidades, oficinas, órganos o autoridades que tengan interés en intervenir como Amigo del Tribunal. La solicitud de inscripción deberá ser acompañada de los antecedentes que fundan la petición, de los estatutos correspondientes si se tratare de una persona jurídica, y de la materia en la cual la peticionaria posea reconocida competencia. Deberá constituirse domicilio electrónico en los términos del régimen instituido por acordada n° 31/11, a fin de notificar a los inscriptos de todas las causas que se consideran aptas para la intervención de estos terceros.

# EL AMICUS CURIAE EN LA PROVINCIA DE BUENOS AIRES

**Ley 14736** TODA PERSONA Podrá PRESENTARSE ANTE LA SUPREMA CORTE DE JUSTICIA EN CALIDAD DE AMIGO DEL TRIBUNAL,EN TODOS LOS PROCESOS JUDICIALES EN LOS QUE SE DEBATAN CUESTIONES DE TRASCENDENCIA COLECTIVA O Interés GENERAL.CREA REGISTRO.(PLEITOS-AMICUS CURIAE) Promulgación :DECRETO 635/15 DEL 21/8/15 Publicación :DEL 15/9/15 BO Nº 27620 (SUPLEMENTO) LEY 14736 EL SENADO Y CÁMARA DE DIPUTADOS DE LA PROVINCIA DE BUENOS AIRES, SANCIONAN CON FUERZA DE LEY.-

**ARTÍCULO 1°**: Toda persona física o jurídica que no sea parte de un pleito y reúna las condiciones establecidas en la presente Ley, podrá presentarse ante la Suprema Corte de Justicia de la Provincia de Buenos Aires en calidad de Amigo del Tribunal, en todos los procesos judiciales en los que se debatan cuestiones de trascendencia colectiva o interés general. El Estado Provincial y los municipios de la Provincia de Buenos Aires, a través de sus organismos y órganos de control especializados, podrán intervenir en calidad do Amigos del Tribunal con el alcance establecido en la presente Ley.

**ARTÍCULO 2°**: El Amigo del Tribunal deberá ser una persona física o jurídica con reconocida competencia sobre la cuestión debatida en el pleito. Su intervención deberá limitarse a expresar una opinión fundada por escrito, basada en argumentos de carácter jurídico, técnico o científico, relativos al tema en debate. Dichas opiniones tienen por finalidad ilustrar al Tribunal, por lo tanto, carecen de efecto vinculante. El Amigo del Tribunal no reviste calidad de parte, ni puede asumir ninguno de los derechos procesales que corresponden a éstas.

ARTÍCULO 3º: La Suprema Corte de Justicia establecerá cuáles son las causas aptas para la intervención de Amigos del Tribunal respecto de las que estén a su consideración y resolución. A tal efecto, dictará una providencia que será publicada en el sitio Web del Poder Judicial de la Provincia de Buenos Aires y remitida por cédula a diligenciarse en el domicilio electrónico de todas las entidades que se inscriban en el Registro de Amigos del Tribunal creado en el artículo 11 de la presente Ley.

ARTÍCULO 4º: La providencia que dicte la Suprema Corte de Justicia habilitando la intervención de Amigos del Tribunal en una causa fijará el plazo para efectuar las presentaciones correspondientes consignando la fecha en que fenece. Salvo situaciones de urgencia, el lapso previsto no podrá ser inferior a un (1) mes. Durante este lapso, el expediente de la causa estará a disposición de los interesados, quienes podrán revisar las actuaciones y obtener las copias correspondientes.

ARTÍCULO 5º: La Suprema Corte de Justicia podrá invitar a cualquier entidad, órgano o autoridad de su elección, a intervenir en calidad de Amigo del Tribunal a fin de que exprese una opinión fundada sobre un punto determinado de la causa.

**ARTÍCULO 6º**: En el caso que un tercero pretenda intervenir como Amigo del Tribunal sin aguardar la providencia mencionada en el artículo 3º, deberá solicitar previamente y por escrito ante la Suprema Corte de Justicia, que sea admitida la intervención de los Amigos del Tribunal en la causa correspondiente. La solicitud deberá expresar las razones por las cuales se considera que el asunto debatido en la causa es de trascendencia colectiva o de interés público. No se aceptarán presentaciones en el carácter propuesto hasta que la Suprema Corte de Justicia admita la solicitud.

**ARTÍCULO 7°**: La presentación del Amigo del Tribunal deberá cumplimentar los siguientes requisitos y condiciones: a) Constituir un domicilio electrónico en los términos del artículo 40 del Código Procesal Civil y Comercial de la Provincia de Buenos Aires, si no se encontrara inscripto en el Registro de Amigos del Tribunal. b) Fundamentar su interés por participar en la causa y exponer el vínculo entre el caso y su especialización o competencia, ya sea una persona física o una organización. En este último caso, deberá presentar la documentación que acredite la representación ejercida. c) Expresar a qué parte o partes apoya en la defensa de sus derechos. d) Informar si ha recibido financiamiento o ayuda económica de cualquier especie proveniente de alguna de las partes. e) Informar si ha recibido asesoramiento en cuanto los fundamentos de la presentación, identificando en su caso, a la persona que elaboró la opinión. f) Informar si el resultado del proceso le representará directa o indirectamente beneficios patrimoniales. g) Omitir la introducción de hechos ajenos a los tomados en cuenta al momento de trabarse la litis o a los que oportunamente hayan sido admitidos como hechos nuevos. h) Omitir opinión sobre pruebas o elementos no propuestos por las partes en las etapas procesales correspondientes. i) Precisar los argumentos de carácter jurídico, técnico o científico, relativos al tema en debate. En caso de que el Amigo del Tribunal incurriera en una falsedad comprobada respecto de uno o alguno de los requisitos establecidos en los incisos d), e) y f) del presente artículo, se excluirá la presentación de la causa, pudiendo sancionarse a la persona física o jurídica que hubiese intervenido en tal calidad, hasta con su exclusión del Registro de Amigos del Tribunal creado en el artículo 11.

**ARTÍCULO 8º**: La actuación del Amigo del Tribunal no requerirá patrocinio jurídico ni devengara el pago de tasas, costas y honorarios judiciales.

**ARTÍCULO 9º**: Si la presentación del Amigo del Tribunal fuese pertinente, la Suprema Corte de Justicia ordenará su incorporación al expediente mediante una providencia única que se notificará con arreglo a lo dispuesto en el artículo 133 del Código Procesal Civil y Comercial de la Provincia de Buenos Aires.

**ARTÍCULO 10**: En todas las sentencias dictadas en causas en las que hubieran intervenido Amigos del Tribunal, se incluirá el nombre de las personas físicas o jurídicas que intervinieron en dicha condición, sus representantes y letrados patrocinantes.

**ARTÍCULO 11**: Créase el Registro Público de Amigos del Tribunal en el ámbito de la Suprema Corte de Justicia de la Provincia de Buenos Aires, el cual deberá incluir un registro de personas, organizaciones, entidades, oficinas, órganos o autoridades que tengan interés en intervenir como Amigos del Tribunal.

**ARTÍCULO 12:** La solicitud de inscripción al Registro Público de Amigos del Tribunal deberá estar acompañada de los antecedentes que fundan la petición y la materia en la cual el peticionario posea reconocida competencia, debiendo constituirse un domicilio electrónico a fin de que le sean notificadas las causas que se consideren aptas para la intervención de estos terceros conforme a lo establecido en el artículo 3º.

**ARTÍCULO 13**: La Suprema Corte de Justicia adoptará las medidas necesarias para garantizar la difusión e implementación de la presente Ley.

ARTÍCULO 14: Comuníquese al Poder Ejecutivo. Dada en la Sala de Sesiones de la Honorable Legislatura de la Provincia de Buenos Aires, en la ciudad de La Plata, a un día del mes de julio de dos mil quince.

# INDICE

www.ingramcontent.com/pod-product-compliance
Lightning Source LLC
Chambersburg PA
CBHW062334290526
45794CB00005B/2032